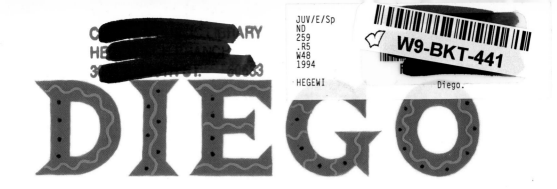

DIEGO

In English and Spanish

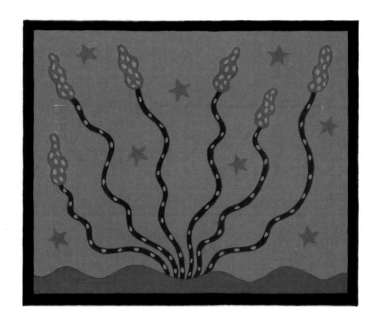

By Jeanette Winter
Text by Jonah Winter

Translated from the English by Amy Prince

Dragonfly Books™   Alfred A. Knopf • New York

DRAGONFLY BOOKS™
PUBLISHED BY ALFRED A. KNOPF, INC.

Text copyright © 1991 by Jonah Winter
Illustrations copyright © 1991 by Jeanette Winter

All rights reserved under International and Pan-American
Copyright Conventions. Published in the United States of America
by Alfred A. Knopf, Inc., New York, and simultaneously in Canada
by Random House of Canada Limited, Toronto.
Distributed by Random House, Inc., New York.
Originally published in hardcover as a Borzoi Book
by Alfred A. Knopf, Inc., in 1991.

Library of Congress Card Number: 90-25923
ISBN: 0-679-85617-X
First Dragonfly Books edition: September 1994

Manufactured in the United States of America
10 9 8 7 6 5

DIEGO

Deep in the mountains of Mexico there was a town called Guanajuato.

En la profundidad de las montañas de México había un pueblo que se llamaba Guanajuato.

And in Guanajuato there were two happy parents.
They were happy because they had twin sons, Diego
and Carlos.

*Y en Guanajuato había unos padres felices, felices
porque tuvieron hijos gemelos, Diego y Carlos.*

But Carlos soon fell ill and died. He was not even two years old.

Pero pronto Carlos se enfermó y murió. Ni siquiera tenía dos años.

This left poor Diego all alone. Then he fell ill, just
like his brother. The doctor told his parents he should
have a nurse. They found a woman named Antonia.
She was an Indian healer.

*Esto dejó solo al pobre Diego. Después él también
se enfermó, como su hermano. El doctor les dijo a
sus padres que Diego debía tener una enfermera.
Encontraron a una mujer que se llamaba Antonia.
Era una curandera indígena.*

Antonia took young Diego to her hut in the mountains. There was fresh air. There was sunlight.

Antonia llevó a Diego a su cabaña en las montañas. Allí había aire puro. Había mucha luz.

Her hut was very small, but it was a good place for Diego.

Su cabaña era muy pequeña, pero era ideal para Diego.

Inside there were magical things. There was an altar with candles and little dolls. There were all sorts of herbs and dried fruits. Antonia used these in her healing.

Adentro había cosas mágicas. Había un altar con velas y muñecas pequeñas. Había todo tipo de hierbas y de frutas secas. Antonia las usaba en sus curaciones.

Even while he slept, Diego breathed the vapors of her medicinal herbs.

Hasta cuando Diego dormía, respiraba los vapores de las hierbas medicinales.

During the day he played in the jungle. The animals
were his friends.

*Durante el día jugaba en el bosque. Los animales
eran sus amigos.*

One day Diego whistled. A parrot whistled back.
The parrot became his pet.

Un día Diego silbó y un loro le respondió. El loro
llegó a ser su mascota.

Diego grew strong and healthy. It was time for him to go home.

Diego se puso fuerte y sano. Era tiempo de regresar a casa.

For a homecoming present his parents gave him
some colored chalk. Diego drew everywhere, even
on the walls.

*Como un regalo de bienvenida, sus padres le dieron
gises de colores. Diego dibujaba por todos lados,
hasta en las paredes.*

He loved to draw so much, his father made him a
studio. The walls were covered with blackboards.
Diego drew and drew and drew, making murals that
covered the whole room.

*Tanto le encantaba dibujar, que su padre le construyó
un taller. Las paredes estaban cubiertas de
pizarrones. Diego dibujaba y dibujaba y dibujaba.
Hizo murales que cubrieron todo el cuarto.*

Diego had a hard time at school. All day long he daydreamed.

A Diego se le hacía difícil estar en la escuela. Se pasaba el día soñando despierto.

When he got home, he played with toy soldiers he had made all by himself—5,000 of them!

Al regresar de la escuela, jugaba con los soldaditos que él mismo había hecho. ¡Y eran 5,000!

He loved everything that was colorful. He loved to go to church just to see the little paintings on the walls.

Le gustaba todo lo pintoresco. Le gustaba ir a la iglesia sólo para ver los cuadritos en las paredes.

His parents finally sent him to art school. He was several years younger than any of the other students. It was an honor.

Finalmente, sus padres lo mandaron a una escuela de arte. Era el más chico entre los estudiantes. Era un honor.

But art school was boring to Diego. He didn't want
to draw from models—he wanted to paint real life.
So he did. Whatever he saw, he painted.

*Pero a Diego le aburría la escuela de arte. No quería
dibujar modelos sino que quería pintar la vida real.
Y así lo hizo. Lo que veía, lo pintaba.*

He painted people on the Day of the Dead. This is a day when people think about people they love who have died.

El pintaba a la gente en el Día de los Muertos. Este es un día en el que la gente piensa en sus seres queridos que han muerto.

He painted people at the fiestas. These are special days when people wear colorful masks and dance through the streets.

Pintaba a la gente en las fiestas. Estos son días en que la gente se pone máscaras de colores y bailan en las calles.

One day Diego saw a horrible thing. He saw real soldiers shooting down striking workers. But he painted that too. It was what he saw.

Un día, Diego vio algo horrible. Vio a soldados auténticos que disparaban contra los obreros de una huelga. También a ellos los pintó. Pues era lo que veía.

Diego didn't like everything he saw. That's why he helped the poor people fight their war for equality. They were fighting for fair wages and a better life. Diego loved his people more than anything, almost…

A Diego no le gustaba todo lo que veía. Y es por eso que ayudaba a la gente en su lucha por la igualdad. Ellos luchaban por tener salarios justos y una vida mejor. Diego quería a su pueblo más que nada, o casi…

The thing he loved most was painting. That's why
he went to Paris, the art center of the world. But in
Paris, all he thought about was Mexico.

*Porque lo que él más quería era pintar. Y por eso se
fue a París, el centro mundial del arte. Pero en París,
en lo único que pensaba era en México.*

Then Diego went to Italy. He saw beautiful murals inside churches. They gave him ideas.

Diego luego fue a Italia. Vio murales bonitos adentro de las iglesias. Esto le dio algunas ideas.

He couldn't wait to turn his ideas into paintings —
back in Mexico.

Le urgía volver a México y pintar esas ideas.

That's when he started painting the murals that made him famous. His murals told the story of the Mexican people.

Fue entonces cuando empezó a pintar los murales que lo hicieron famoso. Sus murales contaban la historia del pueblo mexicano.

Day and night, Diego painted. His friends had to climb up a ladder just to see him!

Diego pintaba día y noche. ¡Sus amigos tenían que subir por una escalera para verlo!

One day he got so tired, he fell asleep. Diego fell off
the scaffold.

Un día estaba tan cansado que se quedó dormido.
Y se cayó del andamio.

But he wasn't hurt. He wasn't even bothered. His murals were all that mattered to him. He put everything he'd ever seen into them—things from Antonia's hut, things from the Day of the Dead, the fiestas, scenes from the desert, from the jungle… Everything. His murals were huge. There was nothing else like them in the world.

Pero no se lastimó. Ni siquiera se molestó. Sus murales eran lo único que le importaba. Incluyó en ellos todo lo que había visto en su vida: las imágenes de la cabaña de Antonia, las imágenes del Día de los Muertos, de las fiestas, de las escenas del desierto, y del bosque. ¡De todo! Sus murales eran enormes. No había nada parecido en el mundo.

Diego Rivera became a famous artist. His paintings
made people proud to be Mexican. They still do.

*Diego Rivera llegó a ser un artista famoso. Sus
pinturas hicieron que la gente se sintiera orgullosa de
ser mexicana. Y todavía lo hacen.*

A Note About Diego Rivera

José Diego María Rivera was born on December 8, 1886, in Guanajuato, Mexico. People all over the world have heard of him. Why? Because he helped change the meaning of art. Instead of making paintings to hang in museums and galleries, the way so many artists before him had done, Diego Rivera painted murals in public spaces, for everyone to see. For Diego, the public wall was the perfect place to express his deep respect both for the common people of Mexico and for working class people around the world, and to create an art form that was entirely Mexican. This is why he was asked to paint murals all over Mexico—in schools, in palaces, and in government buildings. But Diego's reputation stretched beyond his own country; he was also asked to paint murals in San Francisco, Detroit, and New York City, and his murals inspired North American artists to paint on walls too. It has been estimated that in his lifetime Diego Rivera painted more than two and a half miles of murals. He died on November 24, 1957, while working in his studio.

Un apunte sobre Diego Rivera

José Diego María Rivera nació el 8 de diciembre de 1886 en la ciudad de Guanajuato, México. Se ha oído hablar de él en todo el mundo. ¿Por qué? Porque ayudó a cambiar el significado de lo que se consideraba arte. En lugar de hacer pinturas para ser colgadas en museos y galerías, como tantos otros artistas anteriores, Diego Rivera pintaba murales en lugares públicos, para que toda la gente los pudiera ver. Para Diego, el muro de la calle era el sitio perfecto para expresar su respeto profundo para la gente común en México y para los obreros de todo el mundo, y era una manera de crear una forma artística que era completamente mexicana. Es por eso que se le pidió pintar murales por todo México: en escuelas, en palacios, y en edificios del gobierno. Pero la reputación de Diego se extendió más allá de las fronteras de su propio país; también se le pidió pintar murales en San Francisco, Detroit, y Nueva York, y sus murales inspiraron a artistas norteamericanos a pintar en las paredes. Se ha calculado que durante su vida, Diego Rivera pintó más de dos millas y media de murales. Murió el 24 de noviembre de 1957, mientras trabajaba en su taller.